CB040335

LANGUAGEM

EDNEY CIELICI DIAS

LANGUAGEM

ILUMINURAS

Capa e projeto gráfico
Eder Cardoso / Iluminuras

Revisão
Do autor
Eduardo Hube

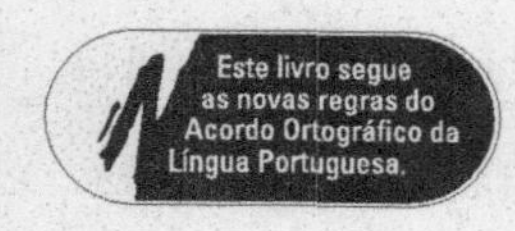

CIP-BRASIL. CATALOGAÇÃO NA PUBLICAÇÃO
SINDICATO NACIONAL DOS EDITORES DE LIVROS, RJ
D531L

Dias, Edney Cielici, 1963-
Languagem / Edney Cielici Dias. - 1. ed. - São Paulo : Iluminuras, 2024.
148 p. ; 21 cm.

ISBN 978-65-5519-213-1

1. Poesia brasileira. I. Título

24-88536 CDD: 869.1
CDU: 82-1(81)

Meri Gleice Rodrigues de Souza - Bibliotecária - CRB-7/6439

2024
ILUMINURAS
desde 1987

Rua Salvador Corrêa, 119 - 04109-070 - São Paulo/SP - Brasil
Tel./ Fax: 55 11 3031-6161
iluminuras@iluminuras.com.br
www.iluminuras.com.br

SUMÁRIO

OCEANOS PROVISÓRIOS

EPITÁFIOS EM VIDA, COVAS PAREADAS

DA LEITURA DE LANGUAGEM

PALAVRAS INICIAIS DA ALTERIDADE CRÍTICA

Edney Cielici Dias

Languagem é invenção verbo-in-consciência, minha e sua. Emissão da boca que mói, de cérebro que engrena coisas voláteis, de vida que rói coisas duras. Assopra-se (de perto, quente; de longe, frio). Escólios do mais profundo, um revide diverso, ei-la: sabotagem pandelírica, fração desnormalizadora. Gênero: poetagem. Delito: vadiagem. Fruição: sacanagem. Prescinde de solenidade tal onda de felicidade. Lambe como deslambe.

Dos arcanos: arte é criação com liberdade e disciplina. Liberdade, palavra vaga, no entanto.

O século 20 foi pródigo em manifestos de libertação da literatura. Todas as palavras, sobretudo os barbarismos universais, escreveu Manuel Bandeira em poema particularmente querido por este autor. E muito se passou desde então.

Tudo se experimentou, e daí?

Toda linguagem, sem excluir a da liberdade, termina por se converter numa prisão, escreveu Octavio Paz sobre o projeto modernista. A *languagem* aqui proposta não se ilude com o desejo de liberdade *per se* (liberdade de quê? liberdade para quê?). A língua é por si mesma livre, assim cabe se concentrar no segredo da metamorfose e da surpresa.

Languagem relata experiências do autor em um aprendizado por meio da poesia. Esta se apresenta em funcionalidades cumulativas: a poesia como o *entreter* dos antigos, como o *questionar* dos modernos, como o *transcender* dos místicos, como o *subverter* dos subversivos.

Nessa combinação, rumorejam poetas do tempo fora do tempo, todos eles barroqueando nos espaços que não aparecem imediatamente aos olhos. Vai-se de invenção em invenção, por tardes vividas e indagadas, por epitáfios de gente que está a nosso lado e, sobretudo, em nós. E a tradição se refaz e rarefaz em oceanos provisórios, em que o navegador Diogo Cão finca seu padrão e segue para além das palavras de Fernando Pessoa.

Ainda que essa escrita se materialize apenas sob a condição do prazer, não é trabalho fácil, como descreve Ivan Angelo ao fim deste livro:

> *Para compor essa poesia tão trabalhada no dizer e no fazer, o poeta não se contenta com as palavras existentes ou vernáculas, expande-se em arcaísmos, neologismos, invenções, apropriações, empréstimos. Não lhe basta o verso, arma geometrias como caixotes ou trilha planícies de prosa.*

Talvez mais que no passado, literatura exija embate e resistência. Grandes problemas, como a acumulação desenfreada e a egolatria, exacerbam-se e ganham ingredientes bem atuais. Estabelecem-se novos donos do mundo e, por extensão, da produção cultural. O que fazer quando a linguagem é sorvida pelo ralo momentâneo das comunicações rápidas e da inteligência artificial? O que pode o poeta quando a autoridade do verbo é relegada à obsolescência?

Escriba dos fins dos tempos, ele pode mesmo se desesperar, ou simplesmente sorrir e reinterpretar o que se lhe apresenta. Este livro é reação pessoal à impessoalidade, em que a paixão importa muito menos que a compaixão, em que a possibilidade de mudar o mundo importa muito menos que a ação concreta do indivíduo em direção ao que é certo, ao que é justo, ao que é belo — ao que descansa da loucura e humildemente se diviniza.

Poesia é *languagem.*

MENSURA E DESCONFORMA

NOTAS LATERAIS

coisas são como são
e mudam em traço
este alheio e nosso
na superfície, posso
...
seja em meio à destruição
ao adverso que rejeita
à arte como ego-exposição
à cultura que não se respeita
que a escrita seja integridade
artesanato espiritual, essencialidade
precede a letra e lhe dá sentido
minhas mãos delas se ocupam
e agradecem: deus, branco papel
existo enquanto me faço traço
...
educa-se ao que se escreve
ao que a vaidade incita
esta escrita não se limita
...
maldizer certeiro e breve
diabos as carreguem
palavras que se seguem
desassistidas de boa causa
que se perseguem
em busca de laurel
a desperdiçar papel
a engordar a babel
diabos as carreguem

...
meta a poesia
cometa e remeta
o metacazzo
em meio à zoeira
ao tempo pazzo
meta de bobeira
verso na asneira
...
sim, meta a poesia
de fósforo, o palito
em meta de poesia
alívio paratodanoia
luz, possível infinito
aroma de metanoia
...
licença capital, alegria icônica
sorriso leve ante gente atônita
...
que nunca morra em pena
o que se destila em poema
...
— a primeira extração é grossa
muito açúcar e tempero
e muita gente assim gosta
ainda, note, vale o esmero
quem bem conhece faz
a destilagem amacia, refina
tonaliza e tudo rarefaz
acerca a coerência
ajusta, afina sintonia
se destila a se redestilar
conforma a desconformar

...
a sabedoria de destilador é
mexer até o ponto de parar
até o ponto de não machucar
a não desatar, a não desandar
...
condensação d'enarmonias
unidas em contratempo
do agora fora do tempo
de quebras e alofonias
em compassos oblantes
limpos, raros, constantes
...
assim se depura a linguagem
determinada e contingente

languagem
ingente
poente
ardente
al dente

QUARTO ESTADO

solidifico-me, retraio
liquemefaço, expando
evaporo-me, explodo

céu, pé, espinhaço
vertical este depuro
todo me espaireço
em apuro me apuro
sumo logo aconteço

MENSURA

traço macrômero, estulto, efemero
respiro, mensuro, remorro, enumero
equipamento além do bem e do mal
incomensura um abismo celestial

epicentra a tensura o metamero
à beira do sismo, voa lepidoptero:
em dia de queda transcendental
nasce o homem acabado e bestial

LANGUAGEM

peace qualy, pace uguale
more or less, flexon amplex
vita promessa, ridere à bessa
mio relax, virgin pax reflex
see: niet normale, new usuale
soltando aqua sapone perfex
it's now clever neverthless
hélas! je réussis, temps perdu
qui nasci y di qua nun parti
più di more & whatever less
este juego de tristes barajas
or pure du blanc and blunt
everything, brothers, carajas!
makeforaliving & cunt-cunt
infine vivere è cousa prática
nostra impossibile gramática

NOTA ENCIMADA 1

não existem formas verdadeiras,
apenas dança de cadeiras.

atente ao que é ilusório. não existem títulos, mesmo que estejam presentes. não existem páginas, mesmo que você as folheie. há palavras submersas e as que vêm à tona. vestem e revestem significados, mudam de cor ao sabor das horas. são sólido, líquido, névoa, vazio.

seguindo seus sinais, retorna-se ao lar.

CENTRÍFUGO

maxilar   verbunidade
palata   averbiação
vérbera   implosão
verbe   nulidade
vanidade   reverba
subverbe   rexistência
hieróglifa   dormência
defaca   naboca
a   verbatrocidade
tresverbada   todalouca
inverbe   extraposição
verbenxame   anãomaisverbar
arenascer   everbanescer
apósverter   pá-lavra
atermo   queapraz
amaisletra   roletra
dualetra   aletratória
revoluta   ametricamente
retraflexão   arquipalavra
desconjugação   absoluta
nacontramão   devoluta
exaverba   diminuta
reverbera   irresoluta

LANGUAGEM CRIMINAL/ 1

moagem retransgressão
dincompletudecompleta
forma & se contraforma
adinfinitude ilusória
cosa limitada por fim
ao algo oculto em mim
suspiro e integridade
in vera insinceridade

/ 2

o q u e   n ã o v a l e & c o m p e n s a
f i s s ã o   p a i r a   s u s p e n s a
r e s m a   t a l e n t o   a r r e s t a
e   s e   f r u i   o u   c o n t e s t a
o   q u e   f a z   a   f i n a   p e n a
n ã o   s a b e   q u e m   c o n d e n a
a l á b i a   d e l   b u o n p a t e t a
a s s i m   s e   s o p r a   o p o e t a

/3

viva escrita sem meta
ao instrumento oboeta
asustenida sinestesia
acorda toda anestesia
BO de um crime poesia

/4

fruto de uma vadiagem
apensa quebra reversa
halt! fim de conversa
salve o que é heresia
a falaciosa algaravia
fato insidioso poesia

/5

arquiteta a molecagem
bem lambida languagem
bem puta sua simpatia
penico rei triste via
obra ignomiosa poesia

16

amais culta sacanagem
resoluta libertinagem
opinto bem sabe e pia
bem gozada cinestesia
fato criminoso poesia

/7

malcomida amalafamada
percorre submunda via
tanta vez transcriada
norte guia a extravia
aleijão dalma aditada
extraída em necropsia
o fundo de mim poesia

SFUMATO

quem bem olha percebe

como houvesse sentido

a ausência da palavra

esta obra de acaso

quando ela mais parece inútil

sente-se a frase ausente

quando mais carece de sentido

indecifrável remanescente

ainda ressoa inaudita

nossa coisa não dita

da queima interior vem a névoa
das coisas caladas entre nós
o ar nos quadros de leonardo e velásquez

ALGO MAIS, ESTE PERFUME

ela me disse a verdade e algo mais

como fosse a verdade enfim
e algo mais ainda mais cabia

como se nada mais dissesse
algo mais era o que de fato dizia

como a verdade fosse o ar
o algo mais, este perfume

disse a verdade como de costume

uma verdade que até se esquece
de um algo mais que permanece

FORMA NÃO SE CONFORMA

a busca por linhas homogêneas
por certo perspicazes, mas ingênuas

a busca por alguma uniformidade
deformação do moderno, do pós, do quase

as pretensões de esteta do intermeio
o espaço fosco do entendimento alheio

a incerteza de forma que não se conforma
faz, desfaz, refaz, artesanato rigoroso

e frases dizem coisas das quais não se versa
que por isso dão melhor sentido à conversa

EMPUXO

o branco riscado

o anverso cortado

um corpo mergulha

algo vem à tona

algo se desconforma

conforma não forma

traço sob luz crua

uma imagem nua

astro-rei fagulha

algo se detona

desenfreado breca

exclama-se ¡eureca!

algo emerge, movimento involuntário
palavras poucas porém, o necessário

NOTAS PARA ESCREVER UM POEMA

desprenda todas as letras
no vazio dos geômetras
para depois atá-las de novo
— escrevo, crio, logo renovo

ao retratar os subjetivos
seja matador de adjetivos
e apague tudo que sobra
se algo ficar, eis uma obra

estude a física e as estrelas
a ética, a estética e a política
após bem maturar, algo fica
bem além das bacharelas

busque tantas credenciais
para descobri-las inúteis
entre tantas coisas fúteis
— elogio baldio, os uis e ais

siga propósito sem intento
a revirar setas de relógio
um memento sem lamento
de um infindo necrológio

VERBETE

— o teu olhar esgazeado...

em noites lá longe, aqui tão perto, você me dizia isso enquanto procurava acalmar a confusão de meus pensamentos. citava, com sua ironia de flor, o dicionário *aurélio*:

"diz-se das cores alvadias, deslavadas.

"diz-se dos olhos inquietos nas órbitas, com expressão de espanto, desnorteamento, desvairamento ou ira, como os olhos dos loucos.

"afogueado; esbaforido."

— diga-me se isso não é poesia...

e se despia displicentemente, como se nada quisesse.

FIU-FIU

eu o pé de cana
moça à juricana
rebolejo imana
aquela sacana

o arrepio, desejo
todo um sacolejo
em tudo molejo
o solerte solfejo

assobio permisso
— para! deixa disso!
o enleio omisso
sacaneia o piço

ESCRITA DE MOLHAR BOBO

e arrisco
movo-me o cisco

e rabisco
como me chuvisco

em risco faio
me descontraio

e não digo aio
como nem me bugaio

IMPLAUSÍVEIS POSSÍVEIS

uma hesitação precipitada
arremessa rumo ao nada

em face ao espelho vazio
uma estátua agoniza no cio

pensa, repensa e nada fala
— cruel, traiçoeira, injusta. amá-la?

passos de mais um recomeço
reviram promessas ao avesso

imerso em silêncio cortante
suicidou-se um grilo falante

NOTA ENCIMADA 2

uma bandeira aos sóis drapeada ondula desconforte e rebusca um norte.

infame fome, farias limas sem laranjas, cidades boquiabertas — seus dentes sem amor.

pássaro do apocalipse, um joão gilberto maneta orna com suas penas o último ianomami.

e tanta gente fala o bonitinho, arranjos forais de achismos e eufemismos. cuspo letras de jornal, falas de normal, habitude do que cheira mal.

tantas vezes penso que a brasa não queima o suficiente. então me abrasa a brassa.

sim, algo não desce. estranho a linguagem, estranho o brasil.

brasuca com "s", conforme as normativas, me cai mal. acho que se adjetiva e se substantiva mais propriamente brazuca, com "z", porque tem mais a ver com aquilo que coloniza e... normatiza.

normalizadores de tudo, saibam:

— de borduna e xanduca, este brassil brassuca!

ah de antões, escribas donjoões e uma marialouca a pirulitar de boca a boca, a saliva incandescente que tudo penetra.

a linguagem engana, a beirar mesmo o precipício do além, onde ela se acaba, onde quem não entende desaba.

lá onde, bem longe mesmo, alguns pairam: veem-se loucos, místicos, poetas, índios velhos, gente que anda perdida na rua.

e nesta hora, às 22h47, arranho a escrita, rabisco um país sem fronteiras.

o "s" — de sujeito, sáfaro, serôdio, suado, sufragâneo, superno, sangrento, soberbo, sacripanta, sodomês, safado, sexiest, sangrento, saboroso — combina mais com o brassil.

este a queimar aqui por dentro, a se dobrar, a sibilar, a sestrosar, a resplandecer corola grélida brassileira.

rebola-roça-bossa, deitada, esplêndida, lâmbida, minha língua nossa.

sem patriotada, sem escarcéu, a bandeira manuel.

aromas de rosas, laranjeiras e infinito. certas palavras dão bom hálito, o discurso mais bonito.

a descansar eternamente sobre abismo tão claro e sutil, como se pretendeu uma belezza de brassil.

LÍNGUA VIVA COISA TORTA

esta língua tem fronteiras
que nasci a transpassar
não haja deus barreiras
que não possa eu furar

doce cor, aroma, gesto
sob o sol, um incesto
no escuro, a murmuria
chicote arrima lamuria
de alguma triste lavra
a destoante palavra
unidos da coisa torta
e nunca língua morta

salta escorro de vida
assim sempre me atiro
à possível sobrevida
prurido nestas manhãs
aqui o meu bom retiro
ademãs conas porãs

NOTA ENCIMADA 3

a dor que deveras sinto é a que trago e minto
a dor que à vera finto é a que nutro e consinto

tudo mudou e a escrita me acompanha. quando fui mais ou menos sábio, ou muito ignorante, demasiado arrogante, quando iluminado pela gentileza, ou esvaído de avareza, sorvido estroina, envenenado cafeína, grande coisa nenhuma, e me vou poeira de usina.

sigo depurando a besta, o homem, alma comum entre as gentes. busco semelhança com algo maior e minúsculo, de agudeza insidiosa, vapor que se esvai ou inunda.

bombordo transbordo. desemboca-se de uma forma ou outra. acham-se caminhos. há trilhas que se aprofundam à medida que trazem alegria e liberdade.

e pode mesmo ser lúdica a escrita.

tem sentido fazer de outra forma?

REVISÃO DO VENTO

passou está passado

nosso melhor intento

intenções de um verso

submergido, triturado

rabisco em papel de seda

provisório, acabado

voa, segue fácil no vento

revisto

flutuado

improvisamente

.

.

.

aterrissado

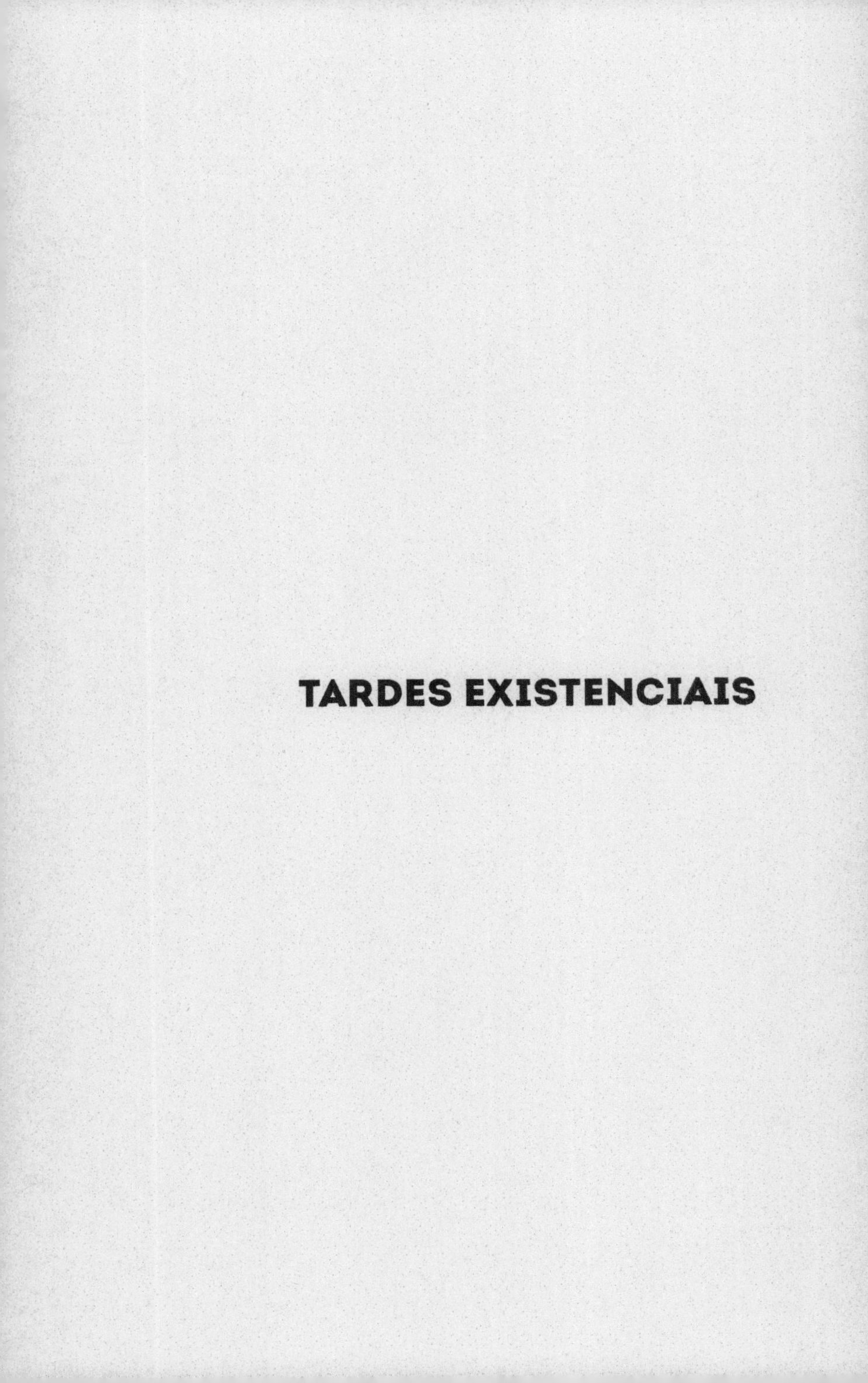

TARDES EXISTENCIAIS

ODISSEIA

os passos seguem calados na rua branca
imagina-se um mar à porta — ele lá está
cruzo conhecida gente de tanto tempo
e o ontem foi ali ontem, agora há pouco
voam distantes papéis cinzas, velhos jornais
daqueles que sujam as mãos e nunca mais

e a rua é de um branco vazio-domingo
e suas paredes podem estar muito frias
e o vento da infância sopra muito quente
e as paredes estão ainda mais brancas
busco, percorro sem-números desertos
quando tudo parte e não estou ausente

NOTA ENCIMADA 4

o monge ensina a arte que consiste em lavar os pratos em silêncio. e ouve a água que escorre. e sente na mão a esponja em movimento. gotas brilham na superfície da louça que seca. o momento se eternece, a linguagem esmaece.

...

estas mãos estão aqui e me iludem ao se sugerirem únicas, ao se imporem reais, ao parecerem minhas. perenes no instante, condensam-se: mãos de minha mãe, mãos do avô lavrador, de uma tia desconhecida, mãos assassinas de um guerreiro, mãos que construíram e destruíram e as que não chegaram a rebento. todas as mãos de um maneta.

...

constato e estremeço. e acho graça.

...

introspecção perante a vida como ela é.
nada a dizer que não caiba melhor num poema.

...

saudade mesmo, amigo, da vida descompromissada, uma vida de nada. e nada mais tinha que duas cachorrinhas que dormiam comigo. eu pensava cuidar delas, e elas lá, espiritualmente superiores, a cuidar de mim. éramos pobres e felizes a nada cobrar, a nada dever, a nada julgar, a tudo ser no nosso momento. terno contato a cheiro e tato.

...

que ninguém mais se iluda
autoajuda é deus nos acuda

FIO DE AGULHA

rasgar-se
descoser-se
desfazer-se

puxar-se
alinhar-se
afinar-se
afiar-se
meadar-se

camelo ultrapassa
buraco de agulha

TARDES EXISTENCIAIS

uma vida inteira
pinga a torneira
e gota agota
a tarde idiota
vaga aplasia
d'um arrebol

e a brisa dança
enlisa lembrança
que se desbota
no suave brisol

bem de mim
o corpo esparrama
tarde de sol, sem data
o corpo meio grama
ainda resta senão

sim, tudo de mim
nada, nada, nada
apenas interrogação
distendida em chão

FUNDO DE GAVETA

muito tempo se passou
coisas de que me esqueço
guardadas em gavetas
absurdo, grande distância
esse todo de lembranças
a identidade submergida
alguém que não morreu
que está tolo aqui na vida
e ainda — surpresa — sou eu

chute, a disputa da bola
o gol sem trave, batida
esbarro, a pele esfola

cai a noite, a rapozela
beijo na sombra escura
árvore, êxtase atrás dela

linha, parábola, equação
régua, trena, medida
rota calculada em vão

curvas ariscas na janela
chaves de uma fechadura
algum alívio àquela altura

SESTA

rua num canto fora tempo, há muito bem gasta
gente quase não passa, a vida se mostra mansa
o calor tépido ainda a aquece e nada mais arde
dentro de velhas casas, algo qualquer descansa
sem alarde, um relógio dorme domingo à tarde

PROJETOS/ 1

ainda faltam passos, creio muitos
faço contas de fim de caminhada
como pudesse tocar o horizonte
como dissesse estou chegando
como soubesse que estou certo

tudo se passa como uma queda
interior, as ideias vazias de gente
casas fechadas em um domingo
é feriado mundial e tudo é tardio
estou direcionado, nada me toca
destino imóvel como em definitivo
seguirei até quando e está perto

/ 2

na jornada, a mão não tocou o horizonte
só deus sabe o quanto busquei, o quanto
não me desespero, ele continua defronte
se não puder alcançá-lo, não me espanto

se algo não envelhece, é essa caminhada
somam-se os passos, só deus sabe o tanto
muitos já disseram: isso não dará em nada
e sigo adiante, longe da certeza entretanto

vou como quem se entrelaça nesta escrita
a ver se me encontro neste solo esconvolto
seguirei nessa busca ainda que circunscrita
o andamento é dado: *allegro ma non molto*

/ 3

descrição: cola e nanquim espargidos
sobre a tela, fios de lã coloridos.

tamanho: de acordo com o bolso do freguês,
pois ele manda nessas artes.

autor(es): no convencional, solo ou em dupla, mas se
aceitam outras formações convenientes e maximizadoras.
regras a combinar. transgressões: ne-gaaar e gooo-zar.

exibição: redes sociais, acompanhado de fotos de
nossos melhores momentos, o real como fosse mesmo
verdadeiro (antidepressivos nas entrelinhas).

login/password: quero-o-impossível/sou-tão-sensível.

preço: como se sabe, tudo tem o seu.

a questão: uma tela de milhão ou vida de tostão?

/ 4

sei que algo está errado

como um ídolo falso

ele está bem aqui, sim

sombra e cadafalso

mas não sei bem onde

feito água escorrida

é algo de mim furtado

esperança recorrida

e de mim se esconde

um segredo violado

num lapso, num ínterim

revelado e acabado

hei de encontrá-lo por fim

/ 5

a pedra sobre a pedra
a cada dia, ato após ato
aprendizado contrafeito
deste ou daquele jeito
desmorona. isso é fato

tempo, amontoamento
ainda haverá o seguinte
recomposto o lamento
de queda que se medra
num tira-teima, acinte
a pedra sobre a pedra

PRONTO ATENDIMENTO

ossos sangrantes
em luzes cortantes
escancaram retortas
de coisas mortas

líquido vivo
intersticial
venal linfa penetra
tubo corre uretra

friezas radiantes
partes faltantes
a flauta de pan
de clonazepan

acidente congênito
a seiva escorre
de metileno
o profundo azul

e o pulso apita
sangue-esporro
vida que grita
¡pronto-socorro!

RIMA DE PESSOA

ressoa nestas veias
desde os primórdios
a melodia orgânica
— escutam-se os ecos

do início ao fim da vida
nosso pulso etc. e tal
compasso atemporal
nota sempre cumprida

tudo, de fato, natural
íntima canção abafada
enche o vazio corporal
como frase inacabada

plena incompletude
busca um diapasão
sentença de finitude
chamada coração

ATRITO

corro o lápis no papel, raspo indagações
depois batuco estas teclas gastas em esmero
atrito-me para escrever o que vale a pena
atrito-me para me aquecer neste poema
cavo as diferenças que nos dão tempero
mesmo não cabendo, ainda me passo e rasgo
aspereza que reveste nossas coisas queridas
aliso-me escorreito às boas causas perdidas
todas elas, as minhas, as tuas e as de nenhum
e todas as arestas se encaixam lubrificadas
engrenagem de todos, nossa máquina comum

CANÇÃO DO EXÍLIO

numa noite vazia
uma fria melancolia
venha assim que for
fuga, disco voador

— quatro voltas de um disparate
enrosco, não há quem desate
sabiá eunuco, palmeira derribada

ah, lenta noite vazia
esta fria malinconia
seja assim como der
vá, vá com quem vier

— ah, perderam-se-me as soidades
sozinho cismar vastas vanidades
escuridão de estrelas sem brilho

na vaga noite tardia
infinda malenconia
viva, pule o que der
salve-se quem puder

pássaros gorjeiam mixo sotaque
— solidariedade, palavra comprida
para esta nossa tão curta vida

feliz mundo afora
vou deixar-te agora
não me leve a mal
moro em portugal

MISÉRIAS E CONFEITO

melhor que seja assado
fora do que está enquadrado

uma vez que tudo é assim
que seja muito longe de mim

melhor que seja sem nome
nas jantas de luxo e de fome

bom que se esteja contrafeito
na vida de misérias e confeito

ALTERIDADE NA SARJETA

ele está lá embaixo

do outro lado da rua
ri alto, lamenta baixo
deita-se, a dor atenua
sem casa, quarentena
o luxo não o corroeu
segue livre pena a pena

homem só, como eu
conversa o imaginário

eu longe aqui da janela
ele grita: "e aí, otário?!"
assim vê, sente, revela

livre como pandemia

deita-se, bebe, sonha
vivo ainda, quem diria
tez suja, face risonha
um sopro, o arroto

só com deus na rua

puro mundo escroto

dorme, geme, flutua

NU ALIVIADO

sabem advogado bom ou rábula
aparência desde há muito em voga
juízes ornam sentenças com toga
como bem se aparata um promotor
ou acusa um renitente acusador

crítico mecânico — o que mais tacha —
dá adjetivos como quem passa graxa
nada que se salve, algo que bem gruda
sem lavagem mesmo que nos acuda
evoca toda vez velho banzé iracundo
de coisas mais ressentidas do mundo

até que algo finda, algo bem-acabado
no som do que não é mais escutado
poeta, ponho-me de palavras pelado
a leveza nos dá o que se vai pelo ralo
assim digo, mesmo quando não falo

EGOAZIA

adicione
o que se vê, lê
o que se fala
o que se faz
subtraia-se

nem meu, nem teu
combustão do eu
nós, discurso mudo
eu, o vazio de tudo

o que nos distressa
não mais interessa

o brilho de toda arte
está em outra parte

RESET

rasgo esgrime
ato in limine
enlevo aceito
tempo algum
vivo e refeito
lugar nenhum

OLHA COMO PISAS, ONDE PISAS

o ser que ora vaga convicto é com toda a
rudeza aquele que pisa errante o chão
bem inseguro acidentalmente molhado

o ser que ora vaga perdido é com toda a
leveza aquele que pisa vacilante o chão
bem inseguro irremediavelmente encerado

o ser que ora vaga incerto é com toda a
certeza aquele que pisa cambiante o chão
bem inseguro incansavelmente pisado

pensei meu tempo fosse passado
ironia ser apenas a rota ausente

NOTA ENCIMADA 5

com vontade de se torturar, resista. conjugue
no presente do indicativo os seguintes verbos:
cortar, picar e partir. mentalize emulsões lúbricas.
adicione-se em alta gradação. algum milagre
ocorrerá, não se sabe onde nem por quê. então:

a chaleira chia como saudade da bahia
o sapato sempre aperta a cada descoberta
o salame sempre se corta com esperança morta

MUTAÇÕES

decurso
recurso
remendo

aqui
por ti
emendo

refazendo
em ti
desfaço

em mim
retorno
e não sou

transitório
ilusório
provisório

transito
me iludo
improviso

definitivo
me abro
compasso

me quebro
não permaneço
nem desapareço

OCEANOS PROVISÓRIOS

MARINHAS/ 1

retratado na tela, o mar está represado
os barcos com inúteis velas pictóricas
mas tão coloridas, abertas e estáticas
estão à espera do sopro em rompimento
de algo funcional a liberar o movimento

/ 2

sob a esfera do sol que tudo comanda
as linhas se curvam nas horizontais
obedecem, arredondam discretamente
cortes verticais são transgressores
os mastros, as paliçadas, um homem
rebeldes, desafiam a harmonia solar

/ 3

pela areia, a curvatura do mar
mais adiante está o horizonte
entre mim e ele estão passos
ainda o silêncio que nada diz
e todo enquadrado me revela

/ 4

a maré trouxe à praia uma rede e um peixe
estão abandonados na curvatura da enseada

a rede está rasgada, nada mais captura
usual, apenas um traço preso na paisagem
o peixe se desintegra, consome-se a frio
retornará ao mar aos poucos e a seu tempo

o olhar segue pela cena e vai ao horizonte
contrasta de novo o transitório e o eterno
como se alguma síntese fosse possível

/ 5

um domingo deserto de gente
sol límpido, estranho e ardente
depuração de areia, água e sal
espinha de peixe ressequida
artefato nu, mecânica exposta
corpo inodoro e translúcido
simples receita: areia, água e sal
serve este silêncio de domingo

/ 6

lançar-se, projetar-se ali no horizonte
abrir-se, cortar o azul na tela, lida diária
caminho humano, aqui traço imaginado
a jornada se realiza neste nosso oceano
do qual nada sabemos, nada adivinhamos
aporta-se sabe-se lá onde nem quando

/ 7

casinha de paredes brancas
vista nítida no horizonte azul
aqui por dentro nosso calor
nossa possível caminhada
passos na areia se apagam
quando o vento depura a tela

/ 8

as pinceladas de nanquim chumbo
a inspiração, bem se vê, não é cinza
o horizonte se esmaece, segue o mar
deslimita-se colorido além do olhar

/ 9

vaga vai silenciosa
opaca ao sol, subverte
se desdobra no inerte
tudo absorve gozosa

capicua enseada nua
traço enleva areia-ar
amaro estemar-near
além da tela, continua

move-se, algo se escuta
algo sempre a continuar
sem limite nem disputa

/ 10

com olhos a vagar
distância enganosa
me aparta do mar

tão, tão profundo
silente transporta
para além-mundo

silêncio sem estar
derrama e se alastra
segue a transbordar

IMERSIDÃO

eu me afundo

mar profundo

alto infundo

ilusão-mundo

ÁGUAS APARTADAS

ondula suave, leve e lenta
assim você se movimenta
mareja ritmo atemporal
fluidos, o tônus corporal
nós, entrevistos oceanos
represados entrepanos
correntezas face a face
a istmarnos sem enlace

PRAIA VADIA

sem tempo, sem lugar, nosso estar
talvez a itapuã de vinicius de moraes
ou uma praia conceitual a rumorejar
ao lado, musa seminua toma cerveja
me diz tão dolentemente, ora veja

nosso vazio alarga e encomprida
pois é de mau gosto e engraçado
saber que não há sentido na vida
mesmo com você aqui a meu lado

a maré vem e se afasta, vai carcomendo
mar sem tamanho, um dia para vadiar
o mar busca o que é seu, e eu não tenho nada
o velho calção de banho e o vazio do olhar
e o poeta conceitualmente toma cerveja

o mar remoeu tudo de meu
água me afasta a obra vasta
comeu a sombra do meu eu
leva, arrasta, some e basta

o poeta finge, a musa posa
nada se pensa, de tudo goza
e a boa conversa fiada vai
até que a noite — súbita — cai

MANHÃ DE CARNAVAL

a lavar as ilusões da madrugada
emoldurada de plumas cansadas
a deusa segue impávida ao mar
vai e vai, despe-se pouco a pouco
no retorno ao azul de quem a fez

ondas frias batem, lavam e levam
nua ela treme, a vez mais humana
alta e tímida, pouca carne, flacidez
frágil, muito aquém da taprobana
um pássaro pia ante triste peladez

vênus doentia
bela como uma úlcera
simples ironia
não poetizar a poesia

MERGULHO CLARO-ESCURO

um abismo antecede
submersa a via fluida

vago oceano transitório
hialino, sereno e próximo

lança-se um corpo oco
na busca de harmonia

o turbilhão sorve-envolve
rompe superfícies ilusórias

mais um contraditório
unidade que se nega

uma afirmativa
que se declina

uma escuridão
que se ilumina

despedida e procura
além da noite escura

ARGONAUTAS

navega-se rumo ao indefinido
sob o céu humano, azul, sereno
vai-se na busca do arraial moreno
aos olhos inertes enquadrados
os caminhos enfim cruzados
espaço e tempo desmembrados
zarpam navegador e seus deuses
sob o céu abissal, anil e ameno
sem malas, antiácidos ou adeuses

CIRCUNAVEGAÇÃO

a sabedoria vem tardia
o mundo é redondo
como sempre se sabia

de porto após porto
tanto navegar a esmo
retorna-se a si mesmo

ABISMOS INSERTOS

avanços de calmaria
de tanto que se fez
certeza de um talvez
a vista está bem vazia

algo além gira o mundo
algo está mais no fundo

no oceano de sismos
de procelas vezeiras
dormem os abismos
no fundo das geleiras

EROSSÕES/ 1

a água quente desce definitiva e vertical do chuveiro,
tal o amontoado do vivido desaba nas ideias.

varro com as mãos a superfície fria do espelho embaçado
a distinguir o labirinto em que me estou contido.

o rosto fica mais nítido: eu, um íntimo desconhecido.

e a onda do tempo presente me vem instantânea,
graciosa, vestindo-se com luz fria de banheiro.

/ 2

quando olhamos para dentro, tudo está contido
tantas vezes o olhar se perde, pois fácil é se perder
sobrevém uma vertigem que nem se percebe
tudo está aqui, algo nos sobrevive mesmo ausente
algo nos atraiçoa, algo nos toca, algo nos sobrepõe
algo escorre, algo nos leva, nos alivia um pouco
tudo se passa em ondas que invadem este agora

/ 3

deito raízes que se fincam n'areia
imerso-me neste mar provisório
fio que se prende e perde a teia
penso-me firme, vou-me transitório
ouço o vento, brisa que me soleva
um adeus que bem tudo permeia
a onda sutil passa, lava e enleva
minhas raízes lavadas n'areia

/ 4

a onda é uma multidão invisível
segue curso alheio e tudo apaga
sou gota de um oceano amorfo
e quando esta calmaria se acaba
o castelo de areia enfim desaba

/ 5

começa quando se desmorona
doçura de uma vida sensaborona
e a fala de quando se emudece
e a luz de quando só se escurece
lembrança quando bem esquece
assim que um milagre acontece

/ 6

onda de silêncio revolve
sorve, ricocheteia, avança
em febre, cio contido solve
incendeia e se desmancha

o encontro de dois nadas
anulações, diálogos mudos
devolutos, voláteis, vazios
consumidos pelos sentidos

e algo a torcer o tempo
como um recuo de tudo
em movimento de maré
de um oceano apagado

/ 7

sentido indeterminado
um compasso marcado
fluxo tênue e constante
rumo ao horizonte opaco
do tempo a se esgarçar
ponto qualquer à frente
um auto de fé na busca
surda, cega, desvairada
na imensidão desbotada

/ 8

suave comburente morrente
mudo cinza incandescente
brilha, crepita, arrefece, apaga

...

venta-se quando nada mais é
ainda aqueço quando esmaeço
ainda me arde o que já é tarde

/9

a onda renasce de fundo vazio
vem toda fome e tudo recome
arrasta, arresta, arrota, some
arrosta, devasta, bigota, some

o oceano descansa no vazio
onde não cabem assombros
sem nenhum peso nos ombros
algo renasce dos escombros

/10

eross ar-ruínaderrama
erosa em vão deliseos
ei-ei-loos e... vagos
!aclamados reis gagos
sevão s´erodems´fodem
u´a vasta des-mareia
u´a e l i s ã o
infinissxtreema tê-la
umatesão sinextenssão
basto goozoo mancheia
agora eis mar d´antão
natimorta recombustão

/ 11

arear para asì dessarear
este vazzio é ma aaaaaar
desvanece então acontece
nuvem que se desconforma
areia sevaiem desssareia
mijureia esvai edestorna
redemoinho desassoreia
recrosta arrosta re-moi
re-dança re-costa re-cua
renascente inda reboosta
face des nuda se recrua
de uma con sumida
d or
o v a z z i o
é
a-mor
a in d a
a a a a an ss sim
na i n f u s ss ã o
d´un arre-bol
o velho sem-pre s´aquece
sob ossol

EPITÁFIOS EM VIDA, COVAS PAREADAS

/1

acordei com o gotejar da chuva
e me veio alguma impotência e certa alegria
de não encontrar os termos que me fugiam

es-vair-se-len-to

/ 2

dou adeus às palavras, como se me falham
como me desaconteço, se refazem orvalho
ademanes às palavras, como se me revalho
e vêm e se somem, como se me ramalham

orvalhado em boa morte
apaga-se a tristeza cúlpida
eu? emudece-se em púlpita
doce vazio, nenhuma sorte

/ 3

ruas vazias
vento frio antes que tudo queime
o chão trinca entre o eterno e o transitório

ruas frias
vento vazio como a velar-se
a terra se firma no passageiro e ilusório

acordo bem cedo na cama de campanha. faz frio. meu corpo é pequeno, caberiam com folga uns três de mim no colchão de palha. achega tilin balançando o rabo — deita junto e nos aquecemos. sinto o cheiro de terra molhada misturado com o de leite quente que se despeja das tetas das vacas ali no curral. as fibras de palha respondem aos leves movimentos. ternas, jazem eternas.

...

na paisagem fria de um verão, manhã, 6h. encosto o corpo de gigante no parapeito da sacada. olho para a rua. a poesia, para quem a enxerga, vai nos passos das mulheres trabalhadeiras já atrasadas para o dia que começa. não pensam muito que faz mal. apressadas, jazem transitórias.

/ 4

a mãe seguiu de cabeça baixa pela senda rente
à cerca. ela caminhava contra o horizonte
e ao fim de tudo só se via névoa.

eu me imagino unidade umbilical. o eu mesmo
que aqui caminha, o eu e ela rumo à bruma.

nós, os passos n'areia
brisa de pó de estrada
a unidade se me vareia
unidos a tudo e a nada

/ 5

a avó me ilumina com o sorriso todo dela
mas que já não era mais dela e sim de um buda

minha mãe segue cosendo em algum outro plano
aqui ao lado, nascente-mais-que-morrente

então também posso sorrir em alegria espaçosa
como se a santidade habitasse a barriga generosa

tempo così costretto
amicizia senza fine
afetto così stretto
amore senza confine

cos`è questa realtà?
un singhiozzo d'eternità

tempo estreitado
amizade sem fim
afeto bem apertado
amor sem confim

o que é esta realidade?
um soluço de eternidade

/ 6

busco-me
sem me achar por dentro e por fora

encontro-me
sangrando-me nos cacos do agora

um gemido se esconde, salta num abismo tímido

/ 7

rota apressada
vã, tresloucada
rumo ao nada
agora, a parada

e não reste nenhum lamento
sumir não pede complemento

/ 8

longo tempo se passou
quando vivi sem ter vivido
enfim o corpo descansou
quando morri sem ter morrido

talvez devesse fazer algo, mas não faço
sem problema, só um pequeno embaraço
e sei exatamente o que fazer do mesmo
a percorrer toda uma vida a viver a esmo

/9

vida escoa
carcomida

carne esvaída
inerte, à toa

sem saída
algo voa

as coisas do mundo cansam
e a esperteza não faz falta
por certo nem tudo se encerra
nestes poucos palmos de terra

/ 10

sigo sem contestar passos de defunto
sem que me pareça ainda viver em mim
quando muito, pulsa um relógio suspenso
a sentenciar algo que finda e não acaba

flores de climatério
lento tempo cemitério
o calor de cio se recompõe

/ 11

o peso das coisas desaba sobre costas cansadas
nas cores da casa, a sombra de coisas desgastadas
segue-se a rota sem saber nem onde nem por quê
nenhum gole hoje me trará o alívio de antigos porres
dar-se adeus a tudo que não fomos nem seremos
o mundo será habitado por gente que sorri no começo
o mundo será esvaziado por ideais de mero adereço
e então abandonamos nossas coisas desbotadas
e finalmente descansamos nossas vidas cansadas

gira a cabeça, o fundo breu
submissa vontade postiça
esta crença que me increu
a falta de ânimo, essa tiriça
impregnada o todo corroeu
avinha doença deste tempo
a terapia mesmo se perdeu
aqui todo esse contratempo
do eu, do meu, d'asmodeu

/ 12

a superfície lisa, textura jade-fórmica
descarga à espreita do próximo vírus
o pano passa, limpa, apara e relimpa
ação de detergente, desinfetante, cloro
tudo será varrido, lavado, destruído
obra de deus brutal, nada mais restará
nem traço, nenhum vestígio humano
apenas uma superfície lisa inabitada

o inimigo oculto ri

/ 13

o gerador barulha, vem da janela
a monotonia infinda, sempre ela
o motor digesta seu combustível
o eu oprimido pelo ruído impassível
a máquina opera, dá energia à obra
sozinho aqui, lá operários de sobra
o monstrengo geme, roda a economia
rasgo insone na madrugada vazia
algo sempre se escuta producente
tal companhia, um íntimo desavim
que me apena dor diluída, rangente
¡fogo! a queima de tudo em mim

alguém se esconde
pela cidade inteira

martela
mar-tela
mar-te-te-la

eternamente
a britadeira
nesta mente

/ 14

três quartos de solidão

completam-se com álcool

amanhã virá café forte

sem comemoração

ainda um agradecimento

nossos melhores votos

de permanecer sob um sol

de um mundo melhor

enquadrado e plausível

próximo e impossível

como a estória do velho pescador de hemingway, luta-se à exaustão por um grande peixe, mas retorna-se à praia apenas com a carcaça do que se despegou pelo caminho.

/ 15

incêndio interior

labaredas incertas
discretas, obscuras
uma resistência

ante um temor

apenas aparente

em um tremor

e não sabemos
então negamos

o que é presente

o que é pressentido
o que é indefinido

em uma interrogação
em um futuro partido

silêncio transversal
eterna outra coisa

afinal, melhor mesmo ter sido esquecido
melhor mesmo não ter chegado ao ponto
ter passado pela reta final sem percebê-la

/ 16

cheguei a um certo lugar
não sei exatamente onde
não sei ao certo para quê
não importam conjecturas
trivial, sempre acontece
vão intento, as literaturas
não vale o estado d'arte
bem só, não se comparte
fecha os olhos e esquece
porque sempre se parte

o que se apaga
ainda nos segue
trilha rarefeita
banal insurgente
recriação corrente

/ 17

esta exiguidade
aqui a toda prova
todos os abismos
na mesma cova

talvez tivesse sido melhor ele ter se arriscado, cometido mais erros, celebrado as estupidezes espontâneas. aquele tiro a ser disparado naquela manhã em que a besta deveria ter estrebuchado ali na sua frente, bem ali no sofá. lamentava a omissão. de qualquer modo, que façanha irrealizada!

/ 18

levantava-se todos os dias às 6h. às 7h, abria o estabelecimento. com a idade, passou acordar às 5h, abrindo o estabelecimento às 7h. um dia começou a acordar às 4h, e a abrir o estabelecimento às 8h, depois às 8h30, depois às 9h. e assim foi até quase não mais dormir e não mais abrir. passou a ter lapsos de memória, foi colocado em asilo de velho. tomava remédios fortes e ficava alheio ao ambiente de pesadelo. deu sorte: não durou ali uma semana.

em glória ou humilhação
as coisas são como são

há quem julgue mesmo sorte
a independência desta morte

nem árduo, tampouco fútil
compreender pode ser inútil

/ 19

não botava fé em amuleto
mas colocava crucifixo sobre o boleto

às vezes, achava que tinha comido menos mulheres do que de fato comeu. não raro, pensava ter sido mais feliz abraçado à família que não teve. e tinha sido melhor não ter escrito aquilo que não escreveu. e o envelhecimento era sinônimo de calar-se. falava menos dia a dia até que ficou completamente mudo. e, no íntimo, até achou bom.

/ 20

um velho, muito velho
e ninguém se espanta
quando limpa a garganta
e escarra para o mundo
que não mais lhe sorri

no domingo, terá um naco de salame
a pinga haverá de aquecer a coisa oca
seguirá a depuração do que resta dentro
sem toque de tragédia, com perdão talvez
descansará numa tarde sem futebol

/ 21

como água caudalosa de enchente
a solidão preenche a casinha da zona norte
no silêncio por trás de latidos e tiros distantes
as batidas de seu coração lhe fazem companhia

e mesmo a revolta não combinava com ela
naquela noite, implodiu um sentimento oco
como pacote vazio de bolacha maisena

/ 22

cada um se desdobra
no fim do que não houve
e agora a revirar o lixo
descobrir o que lhe sobra
a resgatar xepa de couve
para no prato mais mixo
um homem se dobra

o mundo iníquo se dedica ao consumo conspícuo

/ 23

atônito na caminhada, ainda não é dezoito horas
ainda não é hora de dobrar à direita ou à esquerda
então se vai sem que nada nos mova ou nos console
ultrapassam-nos ganâncias de rostos estúpidos
sigo porque sigo, como houvesse algum prumo
pasteurizado, dormente, incapaz de mudar de rumo

espera-se generosidade provável
a doação dedutível do tributável

/ 24

ele segura com afeto a garrafa de pinga. e o faz com tanto carinho, e lhe faz tão bem. e ainda encontrara um canto para dormir. se chovesse, não se molharia sob o teto de marquise. e os fdps lá em cima ficam olhando pela janela, aquela gente enquadrada, mimadas galinhas de granja.

na cobertura, ela mistura indiferente champanhe com antidepressivos. está cansada de brinquedos eróticos, de encontros virtuais e de gastar o dinheiro que não lhe falta.

então ela olha lá embaixo, para o homem de rua, e fala para si mecanicamente: "triste quadro social brasileiro..."

de sua sarjeta, ele não escuta o lamento postiço. mas, por instinto, mostra-lhe o pinto.

/ 25

sim, é preciso mais uma vez escrever um aviso:
favor se desesperar como em estado de choque
ante os rostos que se engolem de medo e fome
ante a boca que apenas mastiga e não se manifesta
ante a indiferença que tudo pisa e tudo consome

sou um círculo vulgar e não me rompo
em vez, titulo-me, adjudico e corrompo

/ 26

figueiras imensas do pátio sereno
cabelos penteados ao vento brando
o banco antigo, a sombra, a tarde
nós tortuosos, nós copa de árvore

no dia jovem, lerdei-me ânsia velha
as flores cortantes, vívidas e aquém
pasmo em ventre, o cheiro indecente
quaresmeiras floram findo o carnaval

sentimento, uma resina resistente
anel que me deste, elos que somos
de nós, seiva-suor bem impudente
a violácea quaresmeira gozamos

nosso calor, espuma constante
formou nuvens e não se acabou
não é passado, nem este adiante
nossa tarde para sempre se tesou

não pude vê-la em nenhuma das direções
quando posso, procuro-a porque em vão

/ 27

sopro de um vazio perfeito
brilha um todo tranquilo
o oco que meço no peito

seguia sereno, embora a adolescência ainda o aporrinhasse. isso acontecia passado tanto tempo, depois de a sopa permanecer quente na mesa, depois de contadas tantas letrinhas no caldo. e, por fim, com essas letrinhas se pode esquentar tudo, até mesmo o silêncio da luz acesa.

/ 28

a rosa roubada no jardim
fantasmas, branca noite
acaba-se sem algum fim

uma morte e seu caixão
coisas confusas somadas
a mudança e o caminhão

não por você, mas por mim
peso pensado em tresnoite
de furtos, esta vida é assim

nossas vidas em desunião
escuro, preces desatadas
o começo de tudo então

agora nenhum murmúrio
a bola bate, quebra o vidro
e não se ouve um barulho

ecos de mundo antigo
permaneço como ruído
apenas conversa comigo

/ 29

nenhum coração bate para sempre
e um dia a fome mesmo se come

além a mim
poetei-me
quedei-me aqui
em outro lugar

DA LEITURA DE LANGUAGEM

ARTESANATO RIGOROSO

Ivan Angelo
escritor

Eis um poeta. Dos que procuram o som e o senso das palavras. Dos que fazem do poema uma viagem, um desafio, um mergulho, uma graça. Dos que se aplicam à tarefa de compor a massa teimosa de ideias e palavras com a paciência, o orgulho e a humildade do artesão.

Como outros — Drummond, Bandeira, Mallarmé, Pound, Cabral —, o poeta deste *Languagem* tem necessidade de se explicar, de expor seus métodos, como quem diz: nada aqui é feito sem muito aperto. Mais de uma vez usa a palavra artesanato: "que a escrita seja integridade/ artesanato espiritual" (em *Notas Laterais*); "a incerteza de forma que não se conforma/ faz, desfaz, refaz, artesanato rigoroso" (no poema *Forma Não se Conforma*).

Para compor essa poesia tão trabalhada no dizer e no fazer, o poeta não se contenta com as palavras existentes ou vernáculas, expande-se em arcaísmos, neologismos, invenções, apropriações, empréstimos. Não lhe basta o verso, arma geometrias como caixotes ou trilha planícies de prosa.

Finda a leitura, fica a percepção de que o poeta realizou neste livro seu objetivo de destilar sua poesia, considerando essa palavra como depuração: determinada, buscada, teimosa, obsessiva. E explica nas *Notas Laterais* por que essa trabalheira toda vale a pena: "a destilagem amacia, refina/ tonaliza e tudo rarefaz" (...) "se destila a se redestilar". No sentido do ensinamento de João Cabral de Melo Neto: sem poetizar seu poema — ou seja, sem derramamento.

As *Notas Laterais* como que propõem uma atitude de leitura: "esta escrita não se limita", a escrita "precede a letra e lhe dá sentido"; o poeta não pretende consertar o mundo, porém está todo ali dentro, inconformado: "coisas são como são/ e mudam em traço (...) existo enquanto me faço traço". Maldiz as palavras "desassistidas de boa causa" (boa causa como arte), "em busca de laurel/ a engordar a babel". É iluminador, nesse sentido, o poema *Notas para Escrever um Poema.*

Edney Cielici Dias estrutura seu livro em quatro movimentos. No primeiro, *Mensura e Desconforma*, o poeta trata de medida e forma, como se adivinha nas palavras do título, que indiciam também metro e inconformidade. É onde vamos encontrar o poema/título do livro, *Languagem*; um passeio etimológico em torno dele nos leva a *langue, langage, language, linguagem*. Num poema a respeito das palavras lemos: "seguindo seus sinais, retorna-se ao lar", o lar humano, das lembranças, da história, e/ ou o lar das palavras, a linguagem. Nesta parte, lemos também o belo *Sfumato* — dois poemas em um, entrançados, que se leem justapostos como estão, ou separados. O recurso da justaposição é usado mais adiante, sempre com eficiência.

No segundo movimento, *Tardes Existenciais*, o poeta trata das suas experiências de vida, aprendizagens, meditações. Alguma coisa vem do oriente. Uma leve amargura perpassa lembranças. A necessidade da poesia: "nada a dizer que não caiba melhor num poema". A vantagem de não se deixar enganar: "que ninguém mais se iluda/ autoajuda é deus nos acuda", ou seja, no fundo a busca é de Deus — como ensina uma das esclarecedoras "notas encimadas", que desvendam segredos do livro e explicam alguns fazeres.

No terceiro movimento, *Oceanos Provisórios*, o poeta exercita as possibilidades descritivas do poema e "pinta" marinhas com maestria simbolista. As dez marinhas, numeradas, são como um único poema a desdobrar-se, estirar-se, repropor-se, ou, melhor, como quadros temáticos enfileirados numa exposição, nos quais o autor busca insistente a melhor expressão. A intenção pictórica revela-se em palavras como tela, pinceladas, traço. As palavras pintam: "simples receita: areia, água e sal/ serve esse silêncio de domingo"; acolá, tudo parado, como num quadro, o silêncio do domingo espera um sopro que irá "liberar o movimento". A abordagem marítima continua em outros poemas e se completa com a série *Erossões*, mais introspectiva, menos pictórica, mas ainda assim paisagem, interior: "a onda sutil passa, lava e enleva/ minhas raízes lavadas n'areia".

No último movimento, *Epitáfios em Vida*, o poeta reflete sobre o fim, em curtos e por vezes curtíssimos poemas, ora lembrando a forma breve da trova, ora a forma enxuta do aforismo, ora, pelo tom, resumida elegia. São tristezas nem tão tristes, modos de meditar sobre a vida e seu contraste.

Languagem é o segundo livro de poemas de Edney Cielici Dias. O primeiro, *Cartas da Alteridade* (Selo Demônio Negro, 2020), é, em mais de um sentido, um livro *precedente*, no sentido de linguagem à beira da *languagem* — é menos experimental, mais passional, mas igualmente elaborado, buscando sonoridades emocionadas. No primeiro livro, o oratório *Passos Paulistanos*, de inspirada veia mário-andradiana, é merecedor de figurar em qualquer antologia de poemas brasileiros.

São trabalhos de um militante da palavra. Com ela meteu-se em combates e conúbios desde sempre: leitor de um tudo, experimentador de escritas, começou jovem no jornalismo, trabalhou na *Folha de S.Paulo* e n'*O Estado de S. Paulo*, foi editor de jornal e de publicações especializadas da área de economia, fez mestrado e doutorado em ciência política, foi professor de comunicação — a palavra como diversão, *métier* e arte. Maduro, decidiu apurar, destilar e publicar. Confidencia: "uma maturidade não só de linguagem, mas de questionamento existencial, de pensamento, de autossubversão: de dedicar-se à poesia como se deve".

Eis, como disse, um poeta.

DIÁLOGO

Edney Cielici Dias com *Douglas Diegues*

Quando o autor de *Languagem* me convidou para um posfácio — que seria feito com prazo determinado, após rápidas leituras do livro —, preferi propor a ele uma conversa por escrito, porque a percepção que um autor tem da própria obra pode contribuir tanto para a leitura do crítico literário, como para a do pesquisador de poesia brasileira contemporânea e também para a do leitor comum. Mandei, então, algumas perguntas, que suscitaram reflexões sobre alguns aspectos da obra e, em alguns momentos, chegaram a surpreender o próprio autor. Diálogo entre amigos perto do fogo da poesia, espera-se que este posfácio escrito a quatro mãos contribua para enriquecer as leituras do livro.

*

Douglas Diegues — *Languagem* parece brotar contaminado de linguagens desestabilizadas et languagens non ofiziales mas de índole renovadora nel âmbito de la poesia contemporânea. Em seus melhores momentos, *Languagem* é linguagem particular que surge em uma época que é bastante antipoética. Como surgiu esse título, *Languagem*, que também é o título de um dos poemas que integram o libro?

Edney Cielici Dias — O título *Languagem* surgiu antes da ideia do livro, em razão do poema que leva esse nome. Depois notei que produzia uma série de poemas que, em maneiras próprias, procuravam alargar as possibilidades de linguagem que até então tinha trabalhado. Percebi que se delineava uma *languagem*.

Ela me chegou sem projeto, como produto da dialética de criação-autossubversão.
Não se trata de uma manifestação deliberada contra o oficial. São variações fora da norma que me vieram de anos de uso dedicado da norma. As transgressões dão graça à coisa toda, mas não querem ser maiores que a poesia em si. De fato, elas são mais bem entendidas como domínio da tradição. A partir dele, criam-se variações que trazem surpresa, o inusitado, a linguagem *al dente*.

DD — Há influências da música na construção de sua poesia?

ECD — Sim. Recorro a variações como um músico de jazz improvisa a partir de um tema. Muitas das variações são manifestamente de efeito sonoro. São muitos casos assim. Acho que vale exemplificar:
— Em *Mensura*, uso "efemero" em vez de efêmero, o que rima com "enumero", mas que pode ser lido como a conjugação de um novo verbo: "efemerar".
— No mesmo poema, crio efeitos sonoros ao retirar a acentuação de metâmero e lepidóptero.
— Em *Languagem Criminal*, proponho analogias musicais para o substantivo poeta: "buonpateta", "opoeta", "oboeta".
— Em *Canção do Exílio*, busco sonoridade evocando formas arcaicas: de "melancolia" para "malinconia" e "malenconia".
— Esgueiro-me sonoramente em palavrão para ressaltar o elevado por meio do rebaixamento e vice-versa. É o caso no italianismo "metacazzo", a rimar com "pazzo", em *Notas Laterais*.

DD — Sobre conceito e imagem, faz alguma distinção? O que é um conceito e o que é uma imagem para você?
ECD — Se notarmos bem, cada expressão traz uma imagem embutida em sua sonoridade e significado. São dimensões imbricadas. Separar sonoridade, conceito e imagem é uma abstração analítica válida para fins analíticos.

Quando se fala em conceito, fala-se em ideia. Penso então — no limite — na poesia das tramas conceptistas, ou seja, o desenvolvimento poético em que a beleza está no jogo do raciocínio. Há poesias em que os recursos pictóricos/descritivos são mais destacados. Em outros casos, ressalta-se a sonoridade na construção.

Não me atento conscientemente a isso ao escrever. O que se entende por "inspiração" vem às vezes com um ritmo, uma sonoridade; outras vezes, com um embate conceitual; ou então se afigura mais como imagem. Essas coisas se misturam em dada medida. Ao preparar o biscoito fino à Oswald, usamos um tanto de farinha, de açúcar, de-leite...

DD — *Languagem* es un libro composto por quatro partes. O que você pode dizer sobre isso?

ECD — Ainda em analogia com a música, *Languagem* possui movimentos como numa peça musical. Gosto de pensar a arquitetura do livro, a coerência e rupturas entre as partes. E a *languagem* se desenvolve em temas, contemplando os escaninhos mentais.

Todos os movimentos refletem meu aprendizado ao longo de anos de crise pessoal, depois acompanhada de crise nacional e mundial. Os poemas começaram a se delinear em meio ao período agudo de pandemia, de neofascismos, de fanatismos, de canalhização política, de crueldades. Escrevi como forma de resistência ao baixo-astral. O livro surgiu de uma alegria aprendida na tristeza.

DD — Giuseppe Ungaretti dizia que "todo poeta resolve seu problema propondo uma poética". Qual poética você propõe?

ECD —O que haveria de novo sob o sol para ser proposto? Penso que todo bom autor se descobre em um modo de fazer. Podemos resumir na palavra *artesanato* (de cada um), e este se extrapola em *arte*. Nessa tarefa dedicada, o escritor artesão usa diversas ferramentas, aquelas dos tempos imemoriais às mais recentes. No fundo, busco algo além das palavras... "Que o verso seja como uma chave que abra mil portas", escreveu Vicente Huidobro em *Arte Poética*. Nesse impulso, entram as questões existenciais, as indagações sobre a transitoriedade da vida e das coisas e os limites do humano — temas que me assombram desde criança. Tive no passado certa influência do hermetismo da poesia italiana do século 20, do qual Ungaretti é expoente. E fui mais a fundo na senda das tradições místicas orientais. Refiro-me à *Bíblia*, à cabala, às escrituras hindus, aos *koans*, à poética zen, a Rumi... Essas fontes me são muito caras.

DD — Qual a importância de Leopardi para a tua formação como poeta? Lê o poeta italiano no original? Qual o papel das leituras de Leopardi para a composição do *Languagem*?

ECD — Essa pergunta me surpreendeu. Meu primeiro impulso foi responder: nada a ver! Mas aí comecei a me dar conta e tem muito a ver. Havia publicado em meu livro anterior um oratório que tratava de Leopardi e não pensei mais nele.
São bem do início deste século minhas leituras desse poeta. Li no original, com auxílio da edição fartamente comentada dos *Canti* da editora Feltrinelli, organizada por Ugo Dotti. Assisti a conferências sobre Leopardi nesse mesmo período na Università degli Studi di Firenze, depois fui aprofundando aqui no Brasil.
Metodologicamente, Leopardi (1798-1837) tem a ver com *Languagem* em diversos recursos linguísticos: nas variações, nas apropriações, nos neologismos. Haroldo de Campos cita um trecho emblemático do poeta, no artigo *Leopardi, Teórico da Vanguarda*:

> *[o artista] deve preparar a língua de que necessita com suas próprias mãos. [...] Falsíssima ideia considerar e*

definir a poesia como arte imitativa [...] O poeta imagina, a imaginação vê o mundo como não é [...] finge, inventa, não imita [...] criador, inventor, não imitador; eis o caráter essencial do poeta.

Leopardi teorizava o poeta como *fingidor*, no sentido de *criador*, como anotara Dante na Idade Média, como escreveria Fernando Pessoa no século 20.

Há também uma influência espiritual. Nada mais em contraste com este século 21 do que Leopardi: seu amor gigante, sua "piedade sem limites para consigo e para seus irmãos, os homens" — no dizer de Ungaretti —; sua busca pelo sentido, o seu conviver com o subjetivo, com a indagação. Nosso mundo é o do imediato, do taxativo, da lacração, das vulgaridades. Nada mais justaposto a este tempo do que Leopardi. E isso é lindo. É essencial.

Em *Notas para Escrever um Poema*, apresento o poeta como um ser enciclopédico, e a sua poesia é produto de um *lavoro matto* (trabalho árduo, louco), numa referência inconsciente a Leopardi:

estude a física e as estrelas
a ética, a estética e a política
após bem maturar, algo fica
bem além das bacharelas

DD — Hölderlin perguntava: "Para que poesia em tempos de miséria?" O que você responderia a Hölderlin?

ECD — Escreve-se em tempo de fartura e de miséria — e com força de resistência nesta última. Assim fizeram antes de nós e, espero, continuem fazendo. E a miséria atual não é falta de riqueza material, mas sim falta de humanidade, uma pobreza espiritual. Penso valha a pena sublinhar dois aspectos dessa questão: o político e o artístico, ambos considerados na opção existencial de cada um de nós.

Retornemos à referência de Leopardi, contemporâneo de Hölderlin (1770-1843). No tempo desses dois poetas-pensadores, já se configurava uma angústia relacionada à crise da visão iluminista. Leopardi indagava a natureza humana e, portanto, era um tanto pessimista com relação a ela, mas de um modo positivo. No artigo *Schopenhauer e Leopardi*, escreveu Francesco de Sanctis (1817-1883):

> *Leopardi produz o efeito contrário ao que propõe. Ele não acredita em progresso, mas faz que você o deseje; ele não acredita em liberdade, e faz com que você a ame. (...) Ele é um cético que te faz crente.*

Esse posicionamento me parece atualíssimo e merece ser reinterpretado. Sim, a visão progressista da humanidade se choca muito com contradições e retrocessos. Isso seria razão para cruzar os braços? A barbárie parece invencível? Apesar dela, temos de seguir em frente. Lutemos contra ela!

O que conta é o fazer, a minha (a sua) atitude, o meu (o seu) depoimento, o exercício da minha (da sua) existência de forma plena e luminosa. Doar para receber e vice-versa, intensamente, infinitamente. Que escrever seja doação plena.

Diferentemente disso, constatamos a arte como a celebração do ego, acreditando bestamente que o artista é um deusinho, alguém paradoxalmente maior que a própria arte. Essa parece ser a arte do tempo de miséria, algo que, no fundo, não te preenche e desagua no desespero.

Mas podemos ter uma visão mais madura, a de que somos produto de causas e condições coletivas. Jorge Luis Borges disse em uma de suas conferências em Harvard (*O Enigma da Poesia*) que o melhor seria que a poesia fosse anônima. Afinal, de onde vem a poesia? Já se disse que a produção cultural do indivíduo é uma espécie de nó dentro do tecido cultural comum. Não seria o autor um porta-voz da força maior coletiva?

Então que o artista produza generosamente, humildemente, (auto)criticamente, de forma a aplacar as misérias do espírito. Penso que é a forma honesta do fazer arte, do escrever. É a arte para o tempo de miséria e para todos os tempos.

DD — Os poetas preferidos são os que mais impactam e os mais importantes para a formação de um poeta. O que significa a poesia brasileira para você? Quais são os seus poetas brasileiros preferidos?

ECD — O Brasil produziu e produz poesia de altíssima qualidade, marcadamente do século 20 para cá. Essa "poesia de estante" é pouco conhecida e apreciada. De fato, poesia costuma ser para poucos, mas por aqui é coisa de muito, muito, poucos. Acredito que isso possa melhorar. Por ora, um enigma devora.

E o que essa poesia significa? Ela é repositório dos tesouros espirituais e das ferramentas mais poderosas da língua. É uma potência: é preciso dominá-la, saber usá-la, renová-la.

Quanto aos poetas prediletos, prefiro me referir à poesia de língua portuguesa em geral e mencionar apenas autores que já se foram. Assim, da língua dos padres Vieira e Bernardes, cito especificamente os poetas que me entraram na, digamos, massa do sangue, aqueles que me tomaram os sentidos, cristalizaram-se e se desfizeram em outra coisa na literatura que produzo:

— Camões, Sá de Miranda, Gregório de Matos Guerra, Fernando Pessoa, Mário de Andrade, Oswald de Andrade, Manuel Bandeira, Carlos Drumond de Andrade, Dante Milano, João Cabral de Melo Neto.

E quanta gente que gosto ficou de fora nesse critério... Ferreira Gullar, Paulo Leminski, Ana Cristina Cesar. Uma Cecília Meirelles, uma Sophia de Mello Breyner, uma Ana Luísa Amaral. Um Augusto dos Anjos, um Cesário Verde, um Ernesto Manuel de Melo e Castro, um Mário Cesariny. Um Vinicius de Moraes...

DD — Você também é leitor em língua espanhola. Especificamente da poesia, o que te interessa?

ECD — As línguas que estudei e em que me defendo são cinco: português, italiano, espanhol, inglês e francês. Trata-se um aprendizado constante, até mesmo do português. Pensando na criação poética, depois do português, talvez a língua que mais me forneça inspiração seja a espanhola. Sou um especialista? Certamente não. Tenho, contudo, algum conhecimento motivado por paixão esclarecida.

Da língua de Cervantes, começo por dois queridões e uma queridona: Góngora, Quevedo e Sor Juana Inés de la Cruz, representando – mas não esgotando – o vasto conjunto de grandes poetas do chamado "Século de Ouro Espanhol", que abrange mais de um século (1530-1680). São autores tão essenciais e complexos que, por mais que sejam lidos, penso que não tenha sido suficiente. Porém, por pouco que se leia, eles entram n'alma e não saem.

Então salto para bailar em Rubén Darío, para abismar-me em Vallejo, para seguir em peregrinações ciganas com Lorca, para encontrar-me em enigma e cátedra em Borges e Octavio Paz. Ou, ainda, para perigar-me nos cacos de vida com Leopoldo María Panero.

E daí poderia mencionar Antonio Machado, Vicente Huidobro, Lezama Lima, Benedetti e tantos e tantas. Como é fácil omitir universos...

DD — Por que você escreve poesia? Começou a escrever com quantos anos?

ECD — Se a melhor resposta é a mais sincera, diria simplesmente "não sei". Ou então, com base no que escrevi acima, diria "porque é gostoso". Vejo como algo inerente e inconclusivo. Ou talvez escreva porque, como no famoso verso de Leopardi:

E il naufragar m'è dolce in questo mare.

Quando tinha oito anos, minha professora, dona Carmem, notou a escrita poética em mim. Eu descrevia coisas com imagens originais, insólitas. Ela disse: "Você é um poeta!". Depois ouvi essa expressão muitas vezes na vida, invariavelmente com tom de descoberta de quem a dizia, pois eu não me colocava como poeta. Sempre fui de me refugiar em bibliotecas e, às vezes, acalentar aventuras intelectuais meio disparatadas. Na adolescência, passei a ter necessidade premente de escrever poesia. Aos 17 anos, era aluno do Instituto de Física da USP e me interessava mais pelos estudos de poesia de Gaston Bachelard e pelo abecê de Ezra Pound. Gostava da relatividade e do cálculo diferencial porque tratavam de limite, de infinito, do tempo, de universos. Vivia assim, tolamente me poetando das coisas. Até que um dia descobri com algum atraso que precisava ganhar a vida. Fui ser economista, jornalista, editor. Maduro, mergulhei em outras aventuras intelectuais, em mestrado e doutorado em ciência política, em mais reinterpretações de mundo e, depois de tudo, o nada que é o fim e o começo. E a escrita me foi maturando em um cultivo de existência, trabalho e paciência.

Em 2019, olhei para minhas anotações poéticas de até então, aqueles escritos todos que havia juntado em décadas, e decidi reinterpretá-los, isto é, trabalhá-los como nunca havia me dedicado a fazer. Veio meu primeiro livro de poesia. E agora veio este, numa dialética de linguagem e, portanto, de vida. E fico contente que eu continue avesso a lugares-comuns, tenha mais coisas para escrever e que, nessas coisas, esteja contida poesia.

A *Iluminuras* dedica suas publicações à memória de sua sócia Beatriz Costa [1957-2020] e a de seu pai Alcides Jorge Costa [1925-2016].